Teresa Zukic

Gott ist verrückt nach dir!

© Verlag Herder GmbH, Freiburg im Breisgau 2021
Alle Rechte vorbehalten
www.herder.de

Gesamtgestaltung und Satz: Christina Krutz, Biebesheim am Rhein

Umschlagmotiv: Vita Olivko/shutterstock.com
Innenvignetten: ALYOHAE/shutterstock.com, ann1911/
shutterstock.com, Mark Astakhov/Dreamstime.com, Derplan13/
shutterstock.com, Devita ayv silvianingtyas/shutterstock.com,
DODOMO/shutterstock.com, Essl/shutterstock.com,
Keya/shutterstock.com, LivDeco/shutterstock.com, LuckyStep/
shutterstock.com, Simple Line/shutterstock.com, Singleline/
shutterstock.com, StocKNick/shutterstock.com, suezi/shutterstock.com,
Valenty/shutterstock.com
Herstellung: PBtisk a.s.

Gedruckt auf umweltfreundlichem, chlorfrei gebleichtem Papier
Printed in the Czech Republic

ISBN 978-3-451-03290-5

TERESA ZUKIC

Gott ist verrückt nach dir!

Meine schönsten Gebete
und Segenswünsche

HERDER

FREIBURG · BASEL · WIEN

INHALT

Vorwort

Seit Gott in mein Leben eingebrochen ist, damals als Achtzehnjährige, ist es für mich selbstverständlich, ständig mit IHM im Gespräch zu sein. Ich stellte mir nicht nur vor, dass ER überall war, ich begriff, dass jeder Atemzug, jeder Moment, jedes Ereignis des Tages eine Begegnung mit IHM ist.
Ich atme IHN, und ich danke IHM, ich führe ständig mit IHM Zwiesprache.
Wenn ER überall ist und die pure Liebe, kann ich ja nie aus diesem Liebeszustand herausfallen. Ein Gebet ist wie das Atmen der göttlichen Liebe, und für andere zu beten, ist das größte Geschenk, das wir einander machen können. Weil Gott verrückt ist nach Dir und mir, bin ich verrückt nach IHM.

— *Schwester Teresa*

Am Morgen

Mitten in der Nacht,
Gott, hab ich gelacht
und voller Freude
an DICH gedacht!

Dann war es mir
ganz warm ums Herz,
vergessen aller
tiefer Schmerz.

Dann wusst ich wieder,
wo DU bist,
und dass DU mich
niemals vergisst.

So heilt mein Heiland
immerzu
mein unruhig Herz
und schenkt mir Ruh.

Wenn du erwachst,
soll Liebe dich erwarten.
Ein Lichtstrahl für dein Herz,
und du kannst fröhlich starten.

Guten Morgen, du bezaubernde Welt.
Guten Morgen, du Kostbarkeit,
du Wunder, du Mensch.
Ein unwiederbringlicher Tag
ist geschenkt,
um das Wichtige, das Richtige,
das Beste zu tun.
Lebe heute voller Freude,
wie immer das auch möglich ist.
Verpasse nicht die Chance,
du selbst zu sein, und
gib von deiner Liebe weiter.
Es kostet dich alles ein Stück
vom Leben.
Was bist du bereit, heute zu geben?

Ich wünsche euch das Allerbeste
und ein Leben voller Feste,

einen Tag, so voller Kraft,
voll Liebe und voll Leidenschaft,

einen Tag, leicht, ohne Sorgen.
Bleibt heiter heut und ganz geborgen.

Glaubt und lebt in Zuversicht.
Unser Gott verlässt uns nicht.

Die Sonne blinzelt
durch die Wolken,
und frische Luft pumpt sich
in die noch müde Lunge.
Die Augen reib ich mir
schlaftrunken,
ein neuer Tag.
DU, Gott, bist mein Halt,
die Quelle meines Lebens.
Danke für Erholung und Schlaf.
Zu DIR ruf ich am Morgen:
Segne diesen Tag
und segne alle meine Freunde.
Erfrische uns mit DEINER
Liebe und Nähe.

Ich preise DICH am Morgen,
so tief ich es vermag.
Ich liebe DICH, mein Jesus,
an jedem neuen Tag.

Guten Morgen, guten Tag,
gute Gedanken, gute Worte,
gute Begegnungen, gute Blicke,
gute Taten, guten Mut.
Das wünsche ich euch.

Und jeden Morgen ist ein neuer Tag
und eine neue Chance, die Welt
ein bisschen freundlicher zu machen.
Guten Morgen, geliebte Freunde.
Möget ihr einen guten Tag haben.
Möge euch Freundlichkeit
geschenkt werden.
Möge euch jemand in den Arm nehmen.
Möge euch jemand sagen,
wie kostbar ihr seid.
Mögen euch liebe Menschen begegnen.
Möge Gott euch heute
ganz besonders beschützen.

Ein neuer Morgen,
ein neuer Anfang,
ein neues, bewusstes »Ja«,
eine Liebe aus Freiheit,
eine Hoffnung,
zärtlicher als gestern zu leben,
eine Dankbarkeit
für alles, was mich umgibt,
ein langer Tag,
um mich von Gott tragen zu lassen,
eine Vorfreude
auf alle neuen Überraschungen.

Guten Morgen, ihr Kinder des Lichts.
Gott hat euch wunderschön gemacht,
mit eurer Geburt das Beste für diese
Welt gedacht.

Mit eurem Lachen, eurem Sein
lädt ER die Welt zum Staunen ein.

ER gab euch Liebe und ein Herz,
zu fühlen jeden Lebensschmerz.

Drum nehmt auch heut den Auftrag an,
und tut, was ER euch hat getan.

Teilt gern von eurem Glück,
es kehrt als Segen zu euch zurück.

Ein Lächeln,
ein gutes Wort,
eine Zärtlichkeit,
ein Das-schaffst-du-schon,
eine Freundlichkeit,
eine stille Umarmung,
ein inniges Gebet,
einen liebenden Gedanken
geb ich dir mit auf deinen
heutigen Weg.
Und Gottes Segen
erbitte ich für dich.
ER hat alles für dich übrig.

Ein kleines Lächeln für euch,
mit dem Wunsch, dass ihr
einen großartigen Tag habt,
wer Arbeit sucht, eine findet,
wer krank ist,
rasche Genesung erfährt,
wer traurig ist, neuen Mut
und neue Kraft schöpft,
wer Schmerzen hat,
Erleichterung findet,
wer gekränkt wurde,
eine heilende Berührung erhält,
wer müde ist,
erholsamen Schlaf bekommt,
wer verzweifelt ist,
eine helfende Hand,

wer sich ungeliebt fühlt,
einen Strom der Liebe,
wer unglücklich ist,
ein großes Herz.

Du bist geliebt in Ewigkeit.
Vertraue IHM und sei bereit,
dann füllt ER dich mit neuer Kraft,
und du verteilst sie meisterhaft.
Nun wird aus diesem einen Tag
ein Fest für alle weit und breit.

Guten Morgen, ihr Sonnenkinder.
Die Nacht ist vorbei.
Gott schenke euch einen Tag
mit neuer Hoffnung,
tiefer Liebe,
froh machendem Glauben
und eine große Prise Humor –
um allem Negativen zu trotzen,
den Traurigen Licht zu bringen,
den Alles-schlecht-Rednern
zuzulächeln,
den Einsamen beizustehen,
den Unglücklichen Mut zu machen.
Wir müssen das nicht alleine schaffen.
Gott steht uns bei.

An diesem neuen Morgen
bin staunend ich erwacht,
geb Gott all meine Sorgen
nach kurzer, guter Nacht.

Der Tag, er will beginnen,
Gott soll gepriesen sein,
mit allen meinen Sinnen
zu leben IHM allein.

Mein Herz, ganz still und leise,
vertrauensvoll beginnt,
bereit, in froher Weise,
liebt, lebt und für IHN singt.

Einen ganz frohen,
gesegneten Tag
wünsche ich euch,
wie ich's nur vermag.

Was immer auch heute
schwerfällt und schmerzt,
wir tragen's mit Fassung,
tragen's mit Herz.

Sind dankbar, gelassen,
ärgern uns nicht,
wissen um Christi
herrliches Licht.

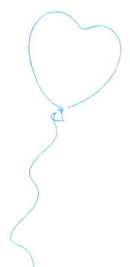

Nehmen einander
liebend an,
tun, was zu tun ist,
dann ist es getan.

So viele andre
haben's so schwer,
seh'n keinen Ausweg,
sind innerlich leer.

Schenken wir heute
ein bisschen vom Glück,
ein Lächeln aus Liebe
kommt dreifach zurück.

Ein Lächeln sagt:
Ich hab dich gern.
Bist kostbar mir,
bin dir nicht fern.

Ich denk an dich
an diesem Tag,
vergess dich nicht,
weil ich dich mag.

Ich bet für dich
zu meinem Gott,
dass ER dich segne
immerfort.

So soll der Tag
dir Segen bringen
und es in deinem
Herzen klingen.

Bitten wir Gott
um Kraft und Freude
für diesen Tag,
was auch immer
kommen mag.

Guten Morgen, liebe Freunde!
Gott segne diesen Tag.
ER segne eure Gedanken und Worte,
eure Gefühle und Stimmungen.
ER segne euer Herz und eure Seele,
eure Freude und eure Traurigkeit.
ER segne eure Hoffnungen
und Wünsche,
eure Ängste und Zweifel.
ER segne euch alle und alles.

Am
Abend

Gott, auch diesen Tag geb ich zurück
und danke DIR für jeden Augenblick,
für jede warme Liebe, die ich spür,
für jede Ahnung, dass ich DIR gehör.
Für immer und in Ewigkeit
bin ich zu dienen DIR bereit.

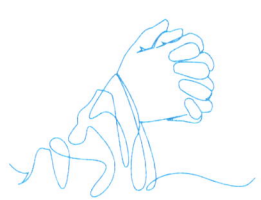

In dieser Nacht
euch alle Gott behüte,
vergebe alle Schwächen
in SEINER großen Güte.
Und morgen, wenn der Tag erwacht,
nach einer guten, sel'gen Nacht
wir wieder uns besinnen
und mit neuem Mut
das Lieben beginnen.

Ich gebe DIR mein Herz,
gebe DIR meine Ängste und Tränen,
gebe DIR meine Vorfreude,
gebe DIR alle Gespräche, Anrufe, Mails,
gebe DIR meine Gemeinschaft
und Freunde,
gebe DIR die ganze Welt,
gebe DIR alle, die heute sterben
mussten oder nach langem Leiden
sterben durften,
gebe DIR meine Schwäche und
Empfindlichkeiten,
gebe DIR jedes gute Gefühl mit Freude,
gebe DIR diesen Tag zurück.
Er war ein Geschenk von DIR.

Ich gebe DIR
meinen letzten Gedanken
und mein Wort:
Ich hab DICH lieb, mein Gott.

So ist ein Tag
doch schnell vergangen,
fing sehr früh heut Morgen an.

Mein Bestes gab ich,
was ich konnte.
Gott hat das Übrige getan.

Nun weiß ich wieder,
es ist Gnade,
die mich in sanfter Weise trägt.

Bin dankbar auch
in dieser Stunde,
der Tag sich nun zum Schlafe legt.

Ich bet für euch,
habt neuen Mut,
wir können IHM vertrauen.

Was immer
morgen auch geschieht,
auf IHN können wir bauen.

Ein Engel gebe
auf euch acht,
ein Engel voll Erbarmen.

Er tröste euch,
umarme euch
mit seinen starken Armen.

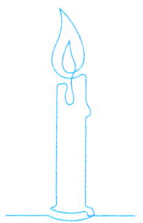

Schlaf behütet und bleib behütet
und lass dir zuflüstern:
Du bist einzigartig und
ein Geschenk für diese Welt.
Und du darfst auch mal müde sein
und erschöpft,
am Ende, kraftlos, mutlos, traurig,
bedrückt.
Immer jedoch bist du geliebt
vom Höchsten.

Ich gebe DIR zurück,

was DU mir geschenkt hast, Herr,
diesen Tag.
DU alleine weißt,
ob ich ihn würdig gelebt habe.
DIR vertraue ich mich an,
DIR bringe ich meine Arbeit, meine
Schmerzen
und meine Gebete,
DIR gebe ich mein Herz.
Nun tu damit, was DU willst.

Ich wünsch dir eine gute Nacht,
der Tag mit Liebe war bedacht.
Ich wünsche Trost und Zuversicht,
einen, der dich nie vergisst.
Ein Gebet ich leise sag:
einen Menschen, der dich mag,
ein gutes Wort an schweren Tagen,
vergiss nie, dafür Dank zu sagen.
Birg dich nun in Gottes Herz,
ER kennt den größten,
tiefsten Schmerz.
Und morgen fangen wir neu an
und tun, was immer muss getan.

Gute Nacht,
ihr Kostbaren,
ihr Sanften,
ihr Friedfertigen,
ihr Humorvollen,
ihr Mutigen,
ihr Geduldigen,
ihr Suchenden,
ihr Verängstigten,
ihr Kränkelnden,
ihr Verletzten,
ihr Traurigen.
Ihr alle seid geliebt.

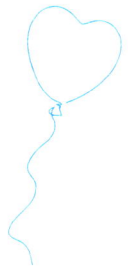

Manchmal kann ich nicht schlafen,
dann bete ich.
Manchmal habe ich keine Antwort,
dann schweige ich.
Manchmal weiß ich nicht,
wie ich helfen kann,
dann weine ich.
Manchmal zerspringt mein Herz
vor Freude,
dann singe ich.
Manchmal bin ich einfach nur ich,
weil ER darüber lächelt.

Es gibt so viele
wundervolle Menschen,
über die ich nur staunen kann.
Sie erfüllen mein Herz mit Liebe,
sind tüchtig, freundlich,
lieben wie auch ich das Leben
und freuen sich, dem andern
etwas Gutes tun zu können.
Danke von ganzem Herzen!
Schlaft in Frieden
und lasst uns morgen
wieder die Welt verzaubern.

Meine Tränen sind aus Freude
über Gottes große Kraft,
die all das, was ich nicht kann,
so überwältigend stets schafft.

Drum preise ich aus Liebe,
aus Dankbarkeit mit frohem Sinn,
dass ich trotz schwerer Tage
heiter, nicht verzweifelt bin.

Wir bleiben mutig hier im Haus,
nach bess'rem Schlaf in dieser Nacht,
will gerne für euch beten,
damit ER über alle wacht.

Schließe alle Freunde
in mein Gebet hinein,
ihr sollt getröstet leben
und stets gesegnet sein.

Und mag es noch so finster sein,
Gott lässt uns niemals ganz allein.
SEINE Liebe lässt uns wagen,
die Hoffnung in die Welt zu tragen.
In Stille diesen Tag beenden,
ER möge Angst in Freiheit wenden.
Vertrauensvoll IHM alles geben
und unter SEINEM Schutz dann leben.

Ich wünsche euch
eine friedvolle Nacht.
Allen Menschen da draußen
wünsche ich Menschen,
die sie nie im Stich lassen.
Allen Traurigen Trost,
den Wütenden Sanftmut,
den Verletzten Heilung,
den Ängstlichen Kraft,
den Unglücklichen Zuspruch,
den Verzweifelten Hoffnung,
und uns allen Gottes liebende Nähe.

Sanft möget ihr schlafen,
eure Sorgen sicher
beim Herrn verstauen,
zärtlich dem vergangenen
Tag zulächeln
und den morgigen
willkommen heißen.
Möget ihr für alles dankbar bleiben,
noch einen guten Gedanken denken
und beim Herrn Liebe auftanken.

An schweren
Tagen

Wie sehr wir DICH nun brauchen,
spür ich an diesem Tag,
wo viele Menschen leiden,
so viele, die ich mag.

Um DEINE sanfte Nähe
bitt ich DICH, o Herr,
steh ihnen allen bei,
denen die Herzen schwer.

Heil DU die vielen Kranken,
den Traurigen gib Mut,
und wer vor Angst verzweifelt,
dem nimm hinweg die Wut.

Ich will DIR stets vertrauen,
DU stehst ihnen jetzt bei,
all DEINE Wunder preisen,
nur DU machst wirklich frei.

So rufe ich »Hosanna«
und rette mich zu DIR.
DU bist des Lebens König,
auf DICH vertrauen wir.

Ich wünsch dir immer einen Engel,
der in dein Leben fliegt,
wenn du dir verlassen vorkommst,
dich ungerecht behandelt fühlst,
wenn eine Kränkung an dir nagt,
wenn du zu müde bist
zu reden,
zu diskutieren,
zu essen.

Ich wünsch dir einen Engel,
der nie aufhört, dir zuzuflüstern:
»Du bist unendlich geliebt.«
Wenn du Sorgen hast,
flüchte dich unter die Flügel
eines Engels.

Ein zärtliches Wort,
ein liebes Lächeln,
ein aufmunterndes Kopfnicken,
eine kleine Geste der Anerkennung,
einen Sonnenstrahl,
einen freundlichen Händedruck
und manchmal einen Regenbogen
gerade in dem Moment,
wenn dein Herz so schwer ist.

Manchmal ist sie köstlich, die Liebe,
stark und unzertrennlich,
mit großer Leichtigkeit.

Manchmal prüft sie uns
bis ins Mark.
Sie zerreißt uns aus Sorge,
sie hört nicht auf zu trauern.

Manchmal zeigt sie uns,
wie schwach wir sind,
und manchmal leuchtet
aus ihr eine Stärke,
die wir nicht für möglich
gehalten haben.

Immer jedoch ist sie
unbesiegbar,
wenn ER sich einmischt,
unzerstörbar,
wenn wir IHM
bedingungslos vertrauen.

Du fühlst dich ungeliebt?
Richtig, es ist ein Gefühl,
es muss nicht die Wirklichkeit sein.
Du denkst, dass dich keiner mag?
Es ist ganz furchtbar,
sich ungeliebt zu fühlen.

Du bist geboren worden,
um geliebt zu werden.
Ohne dich würde der kostbarste Mensch
dieser Welt fehlen.

Wenn du nur wüsstest,
wie wertvoll du bist!
Du würdest nicht einen einzigen
klitzekleinen Gedanken

daran verschwenden,
dich ungeliebt zu fühlen.
Sei du dir dein erster Freund
und tu dir etwas Gutes.
Wer immer dafür verantwortlich ist,
dass du dich selbst
nicht lieben kannst,
vergiss ihn mal für eine Zeit.
Lass dir zusprechen:
Gott ist verrückt nach dir.
Was immer schiefgegangen ist,
es wird IHN nicht daran hindern,
dich zu lieben.

Manchmal ist uns nur
zum Weglaufen zumute.
Manchmal wachsen einem
die Sorgen über den Kopf,
und man kann nicht mehr.
Manchmal will man alles
hinter sich lassen
und irgendwo neu anfangen.
Manchmal ist die Einsamkeit
zu schmerzlich,
und manchmal erträgt man
keine Gesellschaft.
Manchmal hält man
die Schmerzen nicht mehr aus.
Manchmal ist jedes Gebet leer.

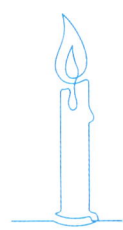

Manchmal fühlt man sich
alleine und ungeliebt.
Manchmal will man schreien.
Jesus ist am Ziel unserer Sehnsucht:
beim Vater, der unendlichen Liebe,
wo es keine Tränen, keine Angst
und keine Sorgen mehr gibt.
Aber der Himmel
ist nicht verschlossen,
wir sind nicht auf uns alleine gestellt,
zurückgelassen in unserem Chaos.
Da ist ein größter, ein lebendiger Atem,
ein zärtlicher Kuss,
eine sanfte Umarmung,
ein geistvoller Heiler,
eine atemberaubende Zusage.

Guten Morgen, liebe Freunde.
Allen, die IHM dienen,
möge ER eine sanfte Stimme,
zärtliche Liebe und
überschäumende Freude schenken
gegen alle Dunkelheit, Verzweiflung,
Ängste und Hoffnungslosigkeit.
Daumen hoch für diesen Tag.
Er ist ein Geschenk.
Wenn ein Mensch, der mir begegnet,
wieder Hoffnung hat,
hat sich mein Leben gelohnt.

Ein Rosengruß für alle,
die traurig sind,
in Trauer leben oder jemanden
schrecklich vermissen.
Ich bete für euch,
dass Gott euch die Kraft gibt
weiterzuleben.
Nicht einen ganzen Tag
müsst ihr schaffen –
immer nur einen halben.

Du bist in Gottes Augen
einzigartig und kostbar.
Für dich hat ER diese Welt geschaffen.
Was auch schiefgegangen ist,
was immer dein Herz bedrückt,
was man dir auch einzureden versucht,
vergiss nie,
in SEINEN Augen bist du wertvoll
und ein Geschenk an die Welt.
Hab Mut, du selbst zu sein.
Hab Mut, wieder glücklich zu sein.
Hab Mut, Gott zu vertrauen.

Einer liebt dich auch dann,
wenn du dich selbst
nicht lieben kannst,
an dir zweifelst
und dich unverstanden fühlst.

Komm zur Ruhe, wenn deine Seele
aufgewühlt, verängstigt oder
überfordert ist.
Es gibt einen Ort, an dem
dein Gott auf dich wartet.
Schließe deine Augen und
lade IHN ein.
Vertraue dich IHM an.
Bitte den Heiligen Geist
um SEINEN Segen.
Möge ER dir den Frieden schenken,
den die Welt dir nicht geben kann.

Eine Rose für liebe Menschen,
die ganz viel Aufmunterung brauchen,
keine Rat-Schläge,
sondern Nähe und Zuwendung.
Auch wenn heute Tränen kullern,
du nur noch müde
und verzweifelt bist –
du bist nicht alleine.
Gott ist dir nah, egal, was kommt.

ER ist weg,
tot,
im Grab.
Das Leben leblos,
verstummt.
Die Hoffnung?
Keimt in den Herzen derer,
die an die Liebe glauben,
Gott alles zutrauen,
vom Leben mehr erwarten,
warten und staunen.

So viele Freunde leiden,
und haben es so schwer.
Manche sind krank,
und andere erleben Unrecht.
Wie kann ich all das Leid,
die Kränkungen, die Selbstzweifel
und all das Unbegreifliche mildern?
Ich bete für alle und lade alle ein,
sich IHM anzuvertrauen,
IHM, der uns selbst eingeladen hat,
uns Ruhe in unruhigen Zeiten
zu verschaffen.
Bringen wir IHM alle Plagen
und alle Lasten.
Nur der Heiland kann heilen.

Mögest du dich nie schämen,
weil etwas in deinem Leben
zerbrochen ist.
ER ist gekommen,
die zerbrochenen Herzen zu heilen,
die Wunden zu küssen,
die Angst zu nehmen,
alle Verzweifelten aufzusammeln.
Und ER kommt
in deine bitterste Stunde.
Niemand muss sich schämen,
IHN um Hilfe zu bitten.

Immer und überall

Lache dich frei,
auch das geht vorbei.

Bleib heiter und froh,
's geht so oder so.

Schmunzle dich munter,
das Leben wird bunter.

Freu dich am Leben,
ein andres wird's nicht geben.

Lächle dich gesund,
und das zu jeder Stund.

Gottes Licht und Herrlichkeit
möchte in die Welt
und findet immer einen Weg.
Lassen wir die Menschen wissen,
dass die göttliche Liebe sie sucht.
Seien wir selbst SEIN Lichtstrahl.

Man kann es nicht oft genug sagen:
ER täuscht und enttäuscht uns nie.
ER ist die Kraft, wo unsere versagt.
ER ist das Licht, wenn es um uns
finster ist.
ER ist die Hand, die uns nie loslässt.

Liebe ist die Melodie,
die jedes Herz versteht.
Hören wir nie auf zu singen!

Das wünsche ich mir
immer aufs Neue:
Ein reines Herz, das über keinen
etwas Schlechtes denkt,
das die Kraft immer wieder findet,
zu vergeben,
das nicht Böses mit Bösem vergilt,
das um seine Schwäche weiß
und deshalb barmherzig ist,
um mit seinem guten,
beständigen Geist
jeden Tag aufs Neue zu lieben.

Wir wissen nie, wann ER kommt
und uns begegnen will.
ER soll uns wach vorfinden,
offen und bereit,
freundlich und vertrauensvoll.
ER kann in jedem Anruf,
in jeder Begegnung,
in jedem Ereignis
vor uns stehen.
ER kommt,
wenn wir es nicht erwarten.
Sind wir bereit,
IHM zu begegnen?

Wie wir Gottes Plan
in unserem Leben verwirklichen?
Alles, was uns von Gott wegführt,
sollen wir lassen.
Alles, was uns IHM näherbringt,
sollen wir tun.

Manche hören das Wichtige,
das zwischen den Zeilen,
die Sprachlosen, das Unrecht,
die Ängstlichen.
Manche überhören das Wichtige,
das Notwendige, die Leisen,
die Verängstigten.
Herr, lass mich hören,
was DU sagst
und wer mich braucht.

Was mir Angst macht?
Die Angst, die uns lähmt,
verunsichert,
abschreckt,
abschottet,
mundtot macht,
resignieren lässt.
Das Gegenteil von Angst
ist Mut.
Das Gegenteil von Angst
ist Freiheit.
Das Gegenteil von Angst
ist Vertrauen.
Herr, hilf!

Lege alles, was du hast,
alles, wovor du dich fürchtest,
alles, wozu du nicht fähig warst,
alles, was schiefgegangen ist,
alles, weswegen du Schuldgefühle hast,
alles, was du vergessen hast,
alles, was dir zu viel war,
alles, was niemanden interessiert,
alles, was dir das Leben
schwer gemacht hat,
am Ende des Tages an SEIN Kreuz.
Dort ist ein guter Platz,
dort wurde alles durchlitten
und durchliebt,
geheilt und vernichtet,
bezahlt und gerettet.

Du bist für immer gerettet am
Deponieplatz der Sünde,
am Erlösungsplatz des Himmels.
ER weiß um alles, ER liebt alles heil.
ER war für dich dort, damit du lebst.
ER hört nie auf, dich zu lieben.

Es geht jeden Tag

um eine Entscheidung.
Jesus hat nicht gesagt, dass wir,
wenn wir IHM folgen, keine
Schwierigkeiten mehr hätten,
oder dass es leicht sein würde.
ER hat sogar angekündigt,
wie schwer SEIN eigenes Ende wird.
Das wollten SEINE Jünger nicht hören.
Wer will das schon?
Es geht um eine Entscheidung:
Auch dann nicht das Handtuch
zu werfen,
wenn es schwierig wird,
wenn zu IHM zu gehören bedeutet,
verlacht oder verfolgt zu werden.

Es geht um eine Entscheidung:
Aus der bequemen Zone und
Absicherung heraus
hinein in das Abenteuer des Glaubens.
ER verheißt uns nichts Geringeres
als das ewige Leben mit IHM.
Danke, Jesus, DU verlässt uns nicht.

Es ist das Brot, das wir brauchen,
so heilig, weil alltäglich,
und so besonders,
wenn DU es schenkst, guter Gott.
Ich wünsche euch Brot
und heilige Momente,
die aus jedem Tag
ein Geschenk machen
und eine reiche Ernte
an Lächeln hinterlassen.

Ein Zauber liegt in allen Dingen.
Überall sehe ich den Schöpfer,
überall SEINE Spuren.
Und so ist jeder Tag
ein nie endendes Staunen.
Ich wünsche euch
die eine Spur der Liebe,
die alles in euch zum Klingen bringt,
alles erfrischt, alles heilt.
Ich wünsche euch die großen und
kleinen Augenblicke der Freude,
die unser Leben so reich machen.

Manchmal brauchen wir Mut,
das auszusprechen,
was andere nicht hören wollen.
Manchmal schlucken wir runter,
was eigentlich herausgeschrien
werden müsste.
Manchmal schweigen wir
ein Mal zu viel.
Herr, schenk uns den Mut,
gegen Ungerechtigkeit,
Hass und Respektlosigkeit
den Mund aufzumachen.
Wir leben in einem
wunderschönen Land,
lassen wir nicht zu,

dass Lügen, Schwarzmalerei,
Egoismus, Hass, Neid,
Menschenverachtung
und Angst unsere Herzen
und Seelen vergiften.
Haben wir den Mut,
mit der Stimme der Liebe,
Freundlichkeit und Klarheit
die Wahrheit zu sagen.
Haben wir den Mut,
gut zu sein.

Verschiebe es niemals,
einem Menschen,
der dir viel bedeutet,
deine Liebe auszudrücken.
Ein gutes Wort
hat eine unglaubliche Kraft
und den Zauber, alles zu verändern.
Vergiss dich selbst auch nicht.
Lass mich dich erinnern,
wie kostbar und großartig du bist.
Mach das Beste aus diesem
unwiederbringlichen, einzigartigen Tag.
Gott liebt dich
und ist verrückt nach dir!
ER sagt: »Ich hab dich lieb.«
Also hab auch du dich lieb!

Lebe und liebe,
genieße und teile,
freue dich und tröste,
verzaubere und liebkose,
erlebe und gebe,
rieche und schmecke,
sei verrückt nach dem Leben.

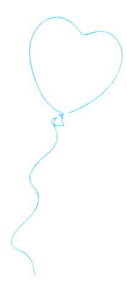

Nichts ist selbstverständlich.
Dass du heute gelebt hast.
Dass dir jemand zugehört hat.
Dass du angelächelt wurdest.
Dass du etwas zu essen hattest.
Dass du gesund bist.
Dass du, wenn krank, versorgt bist.
Dass du glauben kannst.
Dass du geliebt wirst.
Dass dir vergeben wurde.
Dass du Arbeit hast.
Dass jemand für dich betet.
EINER hat Verständnis,
weiß, was du zu leiden
und zu ertragen hast.

Hab Mut.
ER kennt dich.
ER liebt dich.
ER lässt dich nie im Stich.

Das Leben ist kurz
und auch die schönsten Momente
gehen vorbei.
Gehen wir kostbar mit jedem Tag
und jedem Augenblick um.

Für alle Zuwendung,
für alle guten Wünsche,
für alle liebevollen Worte,
für alle Zeichen der Verbundenheit,
für alle Aufmerksamkeiten,
für alle Anerkennung,
für alle Zärtlichkeiten,
für alle Freude,
für alles Wohlwollen,
für alle Geschenke der Freundschaft,
für alle Gebete:
Danke.

Seid behütet in der Liebe,
getröstet in der Hoffnung,
gestärkt im Glauben an
den einen lebendigen Gott,
der pures Leben,
unendliche Liebe,
bedingungslose Vergebung
und ewiges Angenommensein ist.

Wer Jesus nachfolgt,
geht mutig voran
und folgt IHM tapfer,
bis die Arbeit getan.

Geht seinen Weg,
schaut nicht zurück.
Findet in IHM
Freude und Glück.

Findet das Leben,
Frieden im Herzen.
Findet Gemeinschaft,
erträgt alle Schmerzen.

Wer Jesus nachfolgt,
fühlt sich getragen,
weiß um die Gnade
an schwierigen Tagen.

Weiß um die Liebe,
Vergebung der Schuld,
darf täglich neu hoffen
auf Gottes Geduld.

Geh nur einen Schritt
auf den anderen zu.
Nur ein Wort und
deine Seele hat Ruh.

Nur ein Lächeln
und es kehrt zurück,
ein sanftes Wort
und du siehst das Glück.

Nur einen Moment
das Gute sehen,
nur sich bemühen,
den anderen zu verstehen.

Nur ein Gebet
und die Hilfe naht,
ein guter Wille
und es wächst die Saat.

Für den Anfang genug
ein »Ich hab dich gern«,
ein kleines Verzeihen
ist dann nicht mehr fern.

Ein kleiner Schritt
und Gott ist da,
ER gibt dir Kraft,
ER ist dir nah.

Worauf wartest du?

ER liebt dich,
auch wenn schwach
du dich fühlst,
auch an den traurigen,
einsamen Tagen,
in den Stunden von
Angst und Versagen!

ER liebt dich,
wenn Freude dich
übermannt,
wenn dein Herz droht
zu zerspringen,
du danken willst
und singen.

ER liebt dich,
wenn keiner dich liebt,
keiner sieht, was du gibst,
man dich ablehnt,
nicht sehen will,
wie viel du liebst.

ER liebt dich,
nimm SEINE Liebe an.
In jeder Stunde,
jedem Augenblick,
will ER dein Leben sein,
dein Halt und Lebensglück!

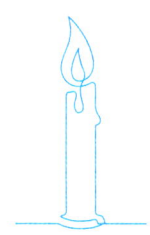

Herr, nur DU kannst
Liebe schenken,
nur DU in mir
das Gute lenken.

Nur DU bist Liebe
ohne Maß,
zerstörst die Sünde
und den Hass.

Nur DU vergibst
und öffnest Leben.
Nur DU kannst
wahren Frieden geben.

Nur DU bringst Freude,
Leidenschaft,
bringst Güte,
Hoffnung, Lebenskraft.

Nur DU in mir
machst alles gut.
Und ich in DIR
find neuen Mut.

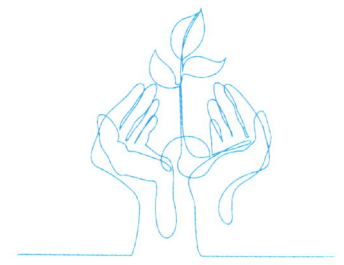

ER ist unterwegs.

ER ist unaufhaltsam.

ER ist lebendig.

ER ist erwartet.

ER ist berauschend in SEINER Liebe.

ER ist Sprengkraft.

ER ist heilsam.

ER ist klein wie ein Stückchen Brot.

ER ist mächtig wie der Sturm.

ER ist Feuer.

ER ist Wasser.

ER flüstert,

ER liebt. Dich.

Das Ziel ist klar,
der Weg oft mühsam.
SEINE Liebe verlockend,
SEIN Licht unvorstellbar.
ER hinterlässt Sehnsucht,
wo ER auftaucht.

Wie unsagbar schön die Natur ist.
Wie unsagbar schön du bist.
Kostbar und einzigartig.
Nicht vergessen!

Herr, schenke uns Augen zu sehen,
Sinne zu begreifen,
Herzen zu verstehen,
Kräfte, das Schöne zu bewahren
und es mit Freude zu genießen.

Manchmal müssen wir
einfach nur für den anderen da sein,
ohnmächtig, ihm helfen zu können,
und die Reste aufsammeln.
Dass wir nicht vor dem Leid,
der Traurigkeit oder
dem Unausweichlichen
davonlaufen,
wird uns wachsen lassen
in der Liebe.

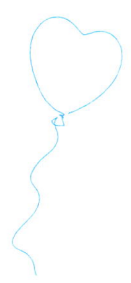

Du bist ein Wunder,
aus Liebe
einzigartig
der Welt geschenkt.

Wenn du nur wüsstest
und einmal begreifst,
wie kostbar du bist.

Du würdest dich
mit purer Freude,
atemlosem Staunen,
tiefer Demut betrachten.

Würdest losgehen,
nein: -rennen,
die Welt mit neuer Liebe
zu umarmen.

Würdest achtsam die
bedingungslose Liebe versprühen,
die dich für immer
trägt.

Du bist so erfrischend normal
und so außergewöhnlich besonders.
Du bist ein Glücksfall für die Welt.

Möge eine atemberaubende Melodie
deine Seele berühren,
die dich daran erinnert,
wie geliebt du bist.

Wie gut, dass Gott
alles sieht,
alles weiß,
jeden kennt
und am Ende
das letzte Wort hat.

Foto: © Peter Eichler

Schwester Teresa Zukic

ist Mitbegründerin der »Kleinen Kommunität der Geschwister Jesu« und eine der bekanntesten Ordensschwestern Deutschlands. Sie ist eine gefragte Rednerin und Autorin von Bestsellern wie »Die Seele braucht mehr als Pflaster«. Zuletzt erschien bei Herder ihr Buch »Zurück zur ersten Liebe. Himmlische Neuanfänge«. Weil Sr. Teresa täglich viele Menschen über die sozialen Medien ermutigt, wird sie auch liebevoll »Instasister« genannt.